◁　　　源療　　　▷

源頭療育，簡稱源療，是一個帶著大家回到源頭的學習過程。透過學習高強度的能量療法，連結源頭的能量場打開人的意識限制，找回自己，回到本來的樣貌。

源頭療育的能量場帶著堆疊的特性，其光能會隨著使用者的連結次數成正比的強化，同時轉化身心的各種不和諧，漸漸地提高心靈的緯度。當個人的身心開始趨於和諧，再加上心靈視野的提高，伴隨而來的是快速的轉念、多角度的思考能力、感官的清晰及更快的顯化。

每個生命、每個物件、每個分子都擁有他們各自獨特的力量與自由意志。沒有誰是「受傷的」，也沒有誰是「需要被療癒的」。源頭療「育」涵蓋的是意識開展的學習過程，透過填補資訊不足，引領大家重新認領自己自我提升的力量。

目 錄

第 一 章 ： 源 療 是 什 麼

如果曾經有人跟你說過「命是老天給的」，老天給了你什麼樣的命運藍圖，你就得按照所謂命運上面的規劃走，甚至讓你覺得我做再多事情都改變不了命運的話，在練習源療的過程中，你將會接觸到協助你扭轉這所謂的「命定之旅」的工具。在練習源療的過程中，你會開始發揮你的自由意志，開始朝你真正想要創造的路途上出發。

在過去實踐源療的經驗中，很多人發現到自由意志這個工具，或是發現自己有能力去改變自己想要的生活後，他們的第一個煩惱是：「那什麼才是好的生活？」

或是苦惱：
「我該選擇什麼？」
「我該如何創造我接下來的生活？」
「我不清楚我到底想要什麼，如果我選錯了怎麼辦？」
「我是不是回歸到原本的生命藍圖比較好？」

「我怕我選錯的話，改變了生命藍圖，身邊的伴侶會不會換人？我的生活會不會完全不一樣？」

其實，這一切都是你的選擇。而練習、實踐源療的目的就是把生命的力量交還給你。當你領取你的力量，當你回歸你就是源頭的狀態，你想要創造什麼樣的生活，都是可以選擇的。你不需要到處詢問，或是擔心選錯，因為：

【透過自由意志，你永遠可以重新選擇你要的人生。】

這是源療帶給大家的第一個工具。

我們每分每秒都在做人生的選擇

從小到大，我們可能常常被教導「選了就不要改了」、「你要為你的選擇負責」這樣的觀念。很多爸爸媽媽常常會忍不住跟自己的小朋友說：「選好了就不要改來改去了。」在讀這本書的爸爸媽媽們有說過類似的話嗎？還是你們是允許小孩可以隨時重新選擇的長輩呢？

無論你屬於哪一派，進入源療，想要傳遞給大家的第一個工具就是：

【開始接受所有的選擇都可以靠自己隨時改變。】

同時認知任何選擇都不會有錯，因為每一個選擇，在每一個當下，都是一種生活體驗。我們永遠都可以改變我們的選擇，任何生活中的選擇都沒有對與錯。有沒有想過，這些所謂的對與錯是哪裡來的呢？

一般來說，大多都來自於我們從小到大吸收的知識、學習到的、父母親教的、師長專家教的，或是社會價值觀灌輸的資訊。這些資訊對我們灌輸了一個「基本標準值」。

而這樣的「基本標準值」，會在我們的思維模式構成一個篩選機制，凡是出現任何超過或是不在這標準範圍內的，都將被歸納為「錯的」。

舉個例子，在古時候女生三從四德是「對的」。那個時候，一個女孩子就是要遵守婦道，不可以隨便離婚，如果離婚的話，你在東方

社會會被歸納為「不守婦道，沒有婦德」。但如果一個女孩子在婚姻過程中選擇放掉這份婚姻，選擇淨身出戶之類的，就會被社會貼上一個「大逆不道，不孝順父母，不遵從夫長」之類的恐怖標籤。

在古時候，這普遍是整體所有人的價值觀。在東方社會認為是這樣，印度就更不用說了，在那個遠古時候，在那個狀態裡的「對與錯」標準衡量下，這樣的選擇是不被接受的。可是這件事如果我們轉移到現下當今社會，大家就會認為，「女孩子離婚就離婚啊，沒關係啦。」甚至如果丈夫有家暴或負債累累，伴侶選擇離婚更是自我保護、合情合理的，對嗎？這種情況下的女生如果不離婚，看在大家眼裏，反而會傾向於替她心疼。如果這個被家暴的女生勇於選擇走出婚姻，反而會得到社會的讚揚，對嗎？可是這種現象在古代是無法被理解的。所以這些種種，裡面涵蓋的對與錯到底是哪裡來的呢？

其實這都存在於我們的意識裡，取決於我們的思想擴張程度。而練習並實踐源療，就是練習慢慢開始拆掉那些從小到大綁著我們的條條框框，讓我們的意識打開，練習看得更遠、想得更多，不再當社會的乖乖牌。當我們學會開始拿回我們獨立思考的能力，隨著意識的開展，再加上源療能量場的輔助，我們的所思所想都可以在生活中快速的顯化。

永 遠 記 得 你 是 無 限 大 的 存 在 體

在意識拓展的道路上，我們可能會遇到一些挑戰。跟隨我們意識上的轉變，身邊的家人、親朋好友、伴侶可能會開始感知到你的轉變。他們可能會因為生活上出現了不熟悉的資訊，而覺得不習慣，產生一些排斥，甚至會開始批評這些轉變。

這個時候就帶來了源療的第二個工具：

【你不只是小小的肉身，你是無限大的存在體。】

【練習】

邀請大家閉上眼睛，想像自己擴張，像氣球一樣～

擴張到跟所處的房子一樣大～

慢慢擴張，到跟所處的城市一樣大～

再擴張，到跟身在的國家一樣大～

再變大，到跟地球一樣大～

深呼吸，再一次的擴張，這次擴張到像宇宙一樣大～

甚至比宇宙還要大，擴張到超過那個邊際！

紀 錄 一 下 . . . 擴 張 到 這 麼 大 的 時 候 ，
是 什 麼 感 覺 ？

當我們擴張到比宇宙還要大的狀態時，地球上的一切是否瞬間顯得超級小呢？當地球在這麼小的狀態下，我們身邊的親戚朋友們，或者這小小星球上面，任何人對於我們的各種評價與評論，是否就變得不那麼重要，不那麼強烈呢？

記得這個感受，因為我們就是那麼的無邊無際，這就是我們最真實的狀態。

而當我們再一次回到地球上，自己現在的大小。你會發現當我們回到原本這個肉身的大小時，周邊的每個人對我們說的每句話，就會變得非常具體，甚至具有能力直接衝擊到你，對嗎？再舉個例子：

再次回到肉身的大小。
回想上一次親人伴侶對自己有批評或與
自己起爭執時，當下的感受到什麼？

在這麼大的狀態時，再回想上一次跟伴侶起爭執，或者他／她在地球上對自己生氣大吼大叫的情境，感覺如何？

畫出表情

在自身能量場大小不同的情況下，面對相同的情境，會不會覺得情緒沒這麼濃烈，可以雲淡風輕去看待這個互動？甚至覺得隨便，沒什麼感覺呢？

事實上，每當我們把自己縮小的時候，我們都會收集到身邊大家給我們的訊息，還有他們告訴我們的話。而每每當他們出現批評我們的想法的時候，我們會容易把他們的想法評論放大，甚至不小心讓它蓋過我們自身大小。所以我們會覺得自己容易被影響，情緒容易起波動。嚴重的時候，還會覺得做不了任何事，不敢做決定，不敢行動，擔心身邊的人會批評我們。然後在各種情節推斷下，可能會覺得還是維持原狀比較安全。

每當我們經歷以上的狀態，我們都可以用這樣的一個源療工具，永遠記得你可以成為無限大的存在體！這是一念之間一個放大就可以改變能量形式的方法。每次當我們覺得沒有辦法招架周旋於身邊的評論，每當我們遇到害怕、恐懼時，就代表我們正在縮小我們自己。而我們可以做的就是覺知，並在當下馬上把自己放大。

甚至面對恐懼，像有的人怕鬼，有的人怕經歷喪事，也可以在當下馬上把自己放到超級大超級大來協助自己轉化這裡面的情緒。

什麼會讓我感到恐懼？

再一次，一個念頭，一瞬間，
帶著自己擴張到像宇宙一般，那麼大、那麼大的狀態。

回到無限大的狀態下，在地球上的這些
「恐懼」，又帶來什麼樣的感受？

每當生活中出現了讓我們在意的聲音，出現了讓我們不舒服的批判，或是周遭情境讓你感到恐懼時，記得，引領自己擴張，回到宇宙般大。這其中的能量，都可以快速的在一念之間輕鬆的轉化掉。

隨著我們身心靈的開展，身邊的人可能會因為不習慣你思想或者行為上的突破，而要求你回到「舊」的狀態。他們可能想要再一次感受那個他們習慣的你。他們也可能會覺得你的行為想法跟以前不一樣了，對無法掌控你的下一步覺得擔心，覺得沒有安全感。這個時候在能量層面來說，他們的能量相對是呈現比較小的狀態，所以會產生罣礙、會出現批評。

我們潛意識有個習性 —— 覺得自己必須是大的，必須是能夠掌控一切的，這樣會很安全，這樣可以確保我可以生存下來。這個是人類的生存潛在狀態。如果我們從中思考，嘗試往這個方向去解套的話，我們會發現，很多時候身邊徘徊的各種「評論」或「批判」，大多都源至於我們自身能量場的擴張，牽動了身邊一些能量場相對較小的人們內在的不安全感而已。

能量跟隨思想，思想導引並放大能量

我們隨時隨地都可以幻化成無限大的狀態，但有的人可能會覺得「這只是我自己的想像而已」。我們不知道的是，生活中的所思所想，其實都決定著我們的能量軌道前往的方向。套用源療的中心思想：

【能量跟隨思想，思想導引並且放大能量。】

打個比喻，像是存錢，我們如果每天存一點，久而久之，這樣的動作就會形成一小桶金。能量上的運作也相同，我們每天的所思所想都將推動能量的導向，累積下一個能量場。換言之，我們平常在一言一行、每天每個當下的每個選擇、我們在關注什麼，其實都像存錢一樣，不斷的往這些方向投注能量。

所以當我們可以提高自我覺知力，每每察覺自己緊縮時，都可以擴張回歸成為無限大的自己。透過這樣的方式付諸行動，一次次的把自己放大，一次次的用這個簡單的方式來扭轉生活中任何感受到被威脅的時刻，你就正在投資那個「你是無限大」的「帳戶」。每做一次讓自己變大的這個動作，你就多投了一塊錢在這個帳戶裡。當我們不斷的練下來，從我們的能量場到我們的思言行，都會產生天翻地覆的改變。

我的身體現在有沒有緊縮的部分？
它們在哪裏呢？

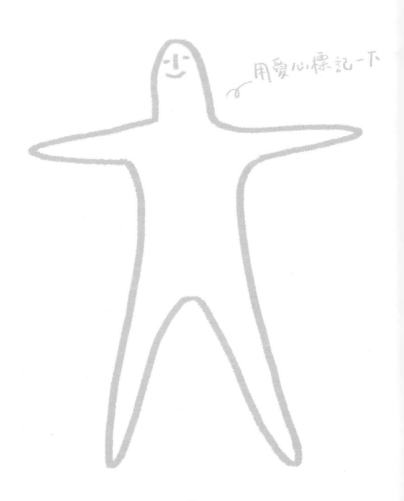

深呼吸，一瞬間，再一次回到無限大的狀態中。

再看看這個在地球上的「自己」，
是什麼讓他／她身體感覺緊縮呢？

在無限大的狀態裡，地球上的這些
「緊縮」對無限大的自己來說，
是什麼？

在無限大的狀態裡，我可以給這個地球
上的自己什麼建議呢？

最大版本的「我」是什麼型態?
邀請自己,畫出最大版本的自己。

－第一章完－

第二章：源療與自由意志

從你開始接觸源療，你就是在慢慢的帶領全身上下所有的身語意，回想起就是源頭的過程。

如果你就是源頭的話，你想要過上什麼樣的生活？你想要你的人生是什麼樣的？你想要它是以什麼樣的狀況來發展，都由你來決定。

我們可以透過**「自由意志」**，來協助我們更加明確的宣告我們想要成為什麼樣的狀態。

有沒有想過，你想要生活在什麼樣的狀態呢？

目前生活裡，什麼讓我感到沈重？

生活裡哪些人、事、物、地，
能夠讓我感到輕鬆？

如果今天獲得了一千萬元，
我要過上什麼樣的生活？

如果今天地球上不存在
「不可能」，我想做什麼？

什麼事，哪怕全世界反對，
我也要做？

做什麼事，會讓我忘了時間
和空間，特別開心喜悅？

自由意志的說明

什麼是自由意志：

「當一個有意識的生命體認知到，其存在於這世界、宇宙有其正當性、必要性、合理性時，他即擁有自由意志。」

透過自由意志宣告，我們可以開始選擇我們要什麼，也可以選擇不要什麼。你可以特別宣告你想要的生活狀態，同時也祝福所有與你同樣經歷的人、事、物、地。這樣透過祝福來強化你的選擇，讓這樣的宣告不僅僅協助到自己，也同時牽引出對世界的貢獻。也透過這個方式，慢慢開始學習用集體的力量，來改變及創造你的生活。

隨著我們慢慢每天透過源療去清理你自己，去宣告我們的選擇，我們的宣告將會越來越有力量。而自由意志是放諸全部你能想像到的世界，不論是金星、火星、宇宙邊際，只要是你能夠想像到的範圍之內，都成立的。當你在源療的能量場域裡頭，特別宣告：

「我以我的自由意志宣告，我是我生命的主人，所有阻礙我成為真正自己的一切，現在全部馬上離開我的生活。」

這樣的宣告，是沒有任何其他的存在靈體可以否定刪除的。就算是我們心中所謂的神，祂也不能干擾你的自由意志。

根據自己「想要的生活」，
作出自由意志宣告。

例子：
「**我以我的自由意志宣告**，我是我生命的主人，
我選擇輕鬆喜悅豐盛的生活，所有阻礙我回歸豐盛自主
的一切，現在馬上離開我的生活。這是我的宣告，
現在就完成，一切如是。」

將自由意志宣告，轉化為
對世界有貢獻的「祝福」。

例子：
「祝福我所能觸及的生命們都活在真正的喜悅與豐盛
之中，與真正的自己同在，成為自己生命的主人。
祝福這其中所有的一切。」

控制型植入機制

但是有一種意識團,我們通稱為控制型植入機制。這植入機制不希望你擁有自己的力量,不希望你能夠控制你自己的生活,不希望你有自主能力來決定你的生命旅程。

這意識團會告訴你:「你這樣是不行的,你沒有我不行。」

它會告訴你:「你一定要依賴我。」

它會告訴你:「你這樣靠自己怎麼可能成功?」

它會告訴你各種東西,讓你認為你是沒有價值的,認為你是必須像它一樣去控制別人,你才能夠掌握世界,才能確保你的生命權。這,叫做控制型植入機制。

控制型植入機制與自由意志

當你宣告了自由意志,這樣的東西是唯一會破壞自由意志的意識團。它沒有實體,是一個思想、信念、意識型態。

當我們試著控制別人,不允許他擁有自己的想法、認為他沒有能力、只能靠你才能得救的時候,我們就是在啟動這控制型植入機制。

觀察你的生活,觀察你的言行,你有沒有在試著控制?最常出現的是我們控制身邊的動物、控制身邊的人、控制小孩。真正有貢獻的協助,不是過度的保護,真正有貢獻的協助,是協助大家拿回自己的力量。尤其對動物毛孩們,更需要讓牠們知道,牠們也是非常有價值的存在,牠們並不需要靠我們去拯救牠們,牠們自身也是非常有智慧與力量的生命。

我習慣性在控制生活中的什麼？

我認為生活中誰一定要依賴我生活？

我不小心限制了他們什麼？

帶著意識，透過宣告，我將他們
的力量歸還給他們：

例子：
「**我的毛孩的身、心、靈都健康平衡。**
牠與牠的肉身都有著高度的覺知。**牠與牠的肉身都懂得**
在生活習慣及飲食上，**做出對牠們最有貢獻的選擇。**
牠是牠生命的主人。」

以自由意志拿回自己的力量

我們以這樣的想法出發，先讓自己允許自己拿回自己的能力：

「我允許我自己成為自己的主人，同時，我也允許別人靠近我的生命，擁抱自己的能力，成就他們的人生與生命。」

一次次的覺察，一次次的拿回自己的力量，也榮耀他人的力量。

我在生活中覺得沒有了誰或什麼物件不行？

我為什麼覺得自己沒有了他們，
會「不行」？

帶著意識，相信自己的力量，
透過宣告，認領自己的力量：

例子：
「**感謝我生命中**這些（人、事、物、地）**的支持與陪伴。
我接受他們的貢獻的同時，也相信自己的力量。**
我將我曾經限制了自己的力量引領回來，
我是全然的我自己。」

自由意志的其他運用

自由意志的使用範圍廣泛，我們可以通過自由意志做的事情太多了。那我們還可以透過它做什麼？

收 驚

譬如說我們今天受到驚嚇了，感到害怕了，有點魂不守舍的。或者，有時候我們受到了驚嚇，除了魂不守舍外，也會出現鬼打牆、健忘，或是感覺很難處在當下的狀況的現象。有些人經歷驚嚇後，甚至會在行為模式上不斷犯同樣的錯誤，明明知道這樣做會再促成同樣的狀況，還是會忍不住重蹈覆轍。這些種種都可能是經歷某個創傷，受到了驚嚇會出現的症狀。

而自由意志是一個非常有效，可協助我們平復這些驚嚇的工具。我們可以透過自由意志，把經歷了創傷而受到驚嚇的自己收回來，重新把 「你」 叫回來當下：

「我以我的自由意志宣告，所有我生生世世曾經經歷過的創傷驚嚇，我現在要求全部平復。我回到現在此時此刻，我回到當下，現在就完成，一切如是。」

有接觸過源療初階課程的大家，再配合手帶動能量的狀態下念自由意志，會更有效果。當我們啟動源療，讓手部能量開始跟著我們念自由意志的時候，便是在結合天與地的能量。在這個狀態下所發出的宣告，會像是加了一個超大的擴音器一樣，形成更大的推動力。

譬如說我們宣告的時候，如果有種感覺想把手放在心輪或胸口的地方，即表示這個地方可能已經感覺到經歷過的創傷正在浮出來了。在這個時候，我們便可以順著手的移動，讓這股源療的能量輕輕的壓到我們的心輪中，讓能量自然的協助這些創傷浮現出來的位置做療癒。

宣告的次數

一般來說，自由意志基本上會念三遍。但是，真正要念到的程度是當我們在念這句話的時候是輕鬆的、不會有壓迫感的。當我們念到不會像是在說服自己的狀態，就表示這個自由意志已經形成了。

宣 告 的 形 成

這之後，也有可能會遇到一種狀況是，我們的選擇觸動了其周邊的事情，形成了骨牌效應。可能會因此出現了某些機會，間接療癒了我們另一個時間點的創傷。

自由意志就是這麼神奇，也常常因為它太簡單了，很多人都不信。但是，你可以自己慢慢嘗試、練習，從中透過我們自己去發現自由意志的魔法。

小 孩 與 毛 孩 的 自 由 意 志 練 習

自由意志的魔法也可以分享給我們身邊的家人、朋友，甚至小孩、嬰兒、毛孩們。如何分享呢？怎麼協助小孩或毛孩收驚呢？其實很簡單。如果碰到了小朋友或者是動物有驚嚇的時候，首先，父母或主人得先替自己收驚。父母主人先自己處理，再來引導小朋友或毛孩念收驚的自由意志。那麼，如何替自己收驚呢？

替 自 己 收 驚

念「源療啟動」後，可以配合手引導能量，念出以下自由意志
（重複三遍）：

「我以我的自由意志宣告，所有我生生世世曾經受到驚嚇的每一刻，我現在要求全部平復。我回到現在，我回到當下，現在就完成，一切如是。」

引 導 小 孩 或 毛 孩 收 驚

再次回到自己，念「源療啟動」後，告訴小孩或毛孩：「我說的每一句，你在心裡跟我重複念一次喔！」接著一句一句的，帶著小孩或毛孩念出以下自由意志：

「我以我的自由意志宣告，我是xxx（他們的名字），所有我生生世世，曾經受到驚嚇的每一刻，我現在要求全部平復。我回到現在，我回到當下，我是完整的xxx，xxx都回來了，全部都回來了，現在就完成，一切如是。」

收驚後記

在讀這本書的大家大多是初學者，為了讓大家更能感受宣告自由意志的能量場，所以推薦宣告前，多加一句：「源療啟動」。

如若在閱讀這本書的你是源療二階或三階實踐者，當你時時處在源頭狀態時，就不需要特別加上這句話了。

另外，如果我們在幫小孩或毛孩做這樣收驚動作的時候，使用了上述方法執行了兩三次，還是覺得你或他們的情緒仍然有起伏，甚至有些個案還是會害怕顫抖的時候，就表示驚嚇在你，你也受到驚嚇了。這個時候你得先幫自己收驚，之後再回頭感覺小孩或毛孩的狀況。

通常動物或小孩都是模仿大人的，是跟大人及主要照顧者連動的。在這其中我們並不需要去追究他們是受到什麼樣的驚嚇，也不需要去挖掘他們是什麼時候受到這個驚嚇。只需要回到當下，讓自己全然的回到自己，再連帶讓小孩或毛孩回到自己，回到現下即可。

990%的世界

在我們所認知到的世界裡面，其實只不過顯現了整個宇宙真 10%。所謂已知的，只不過是一種限制性結構，也其實只涵蓋了宇宙的10%。

而偏偏所有的人都在這 10% 裡面尋找所謂的理想生活，從已知去取決「我應該那樣」、「書上是這樣講的」、「老師是這樣說的」、「古人是這樣講的，聖者是這樣說的」。如果你從小到大，依著所有的格言、理論生活的話，你會發現到現在生活一直在打圈圈。會總覺得「怎麼遇到的問題都差不多」，「人有千百種怎麼我老遇到這幾種」。

這是因為大家都用那10%的資源在創造自己的生活。但如果我們跳出這10%去往外看，在10%之外的世界90%，甚至990%，甚至1990%，更大更大更大的空間去創造，我們的世界會變成什麼樣子呢？奇蹟的生活，取於我們的接受度可以擴展到多大，也取於我們是否願意向990%的世界提問：

「還有沒有什麼更多可能性是我還沒發現到的？」
「除此之外還沒有什麼更有趣的呢？」
「我可以如何跳出既定的人生藍圖呢？」

我們並不需要在這些提問中得到答案。隨著我們發出的意念，以及想改變的意願，能量便會開始運作。

如何運用量子糾纏使生活輕鬆不費力

我們發出的一思一想一念，都會跟其他的思想、信念互相糾纏，接著彼此互相作用，產生反應。而自由意志，是必須與量子糾纏合併起來，讓它們在我們的生活中發酵的。

如果今天我們只是盲從使用自由意志，但卻在使用的過程中，不打算自己的生活出現任何變化，不想要跨出自己的舒適圈，也不打算讓所謂的 990％ —— 無法想像的未知與可能性在自己的世界產生作用的話，那我們再怎麼做宣告或是使用後面的清理工具，都是沒有效果的。

量子糾纏必須在我們的自由意志允許之下，才能夠真正產生相對應生活上的幫助。如果我們的思想範疇是處在「我不允許自己踏出舒適圈」、「我不允許自己往990％的未知世界前進」、「我要躲在已知的10％」，選擇活在儲存於我們的記憶裡，那些曾經經歷過的世界裡的話，那麼量子糾纏就會隨著這些選擇，帶著我們往這樣的方向前行。

當量子糾纏往這樣的方向發展時，凡是出現任何會導致我們跨出舒適圈的，都會形成一種反作用力來打擊你。譬如說，讓你生病無法出席意識開展的課程、讓你無法學習、讓你產生各種匱乏懷疑這些練習等等。有的甚至會開始為生命吸引一些來告誡你不要學習這些相關資訊的人。

當我們處在「我要躲在已知的10％」的狀態，量子糾纏便會促成各種各樣的情況來阻止你往990％的世界發展。而實際上根本的原因是，我們都是源頭，當我們沒有打算跨出去、不允許自己跨出去的時候，事情就會朝我們的意念發展。

也有一些情況是，我們頭腦上想學習，都想選擇更輕鬆的生活。但是實際上，我們的身體還並沒有準備好要跨出去，出現了身心完全分開的現象。出自於一種求生本能，我們的身體也會害怕「未知」，這樣的恐懼會讓「身體」反射性拒絕體驗任何超出「身體」能夠反應範圍的事情。

當這種情況出現時，練習源療初期，我們可以練習先把手壓在身上感到壓迫的地方。如果探測不出該放在哪裏，我們可以統一把手放在心輪上。心輪是我們承接上與下的位置，所以放在這個位置將會涵蓋我們需要涵蓋的部分。

在我的身體裡，對「未知」的恐懼
1到10分，身體會給幾分？

「未知」裡的什麼會讓我的
身體感受到恐懼？

帶 著 身 體 再 次 擴 張 到 無 限 大 的 狀 態 ，
在 這 個 狀 態 下 ， 對 「 未 知 」 的 恐 懼
1 到 1 0 分 ， 身 體 會 給 幾 分 ？

引導並邀請身體一起往990％可能性與創造性的方向出發吧。與身
體對話，讓身體知道，我們是安全的，並不需要害怕，好好的讓我
們的身體知道我們是可以這麼做的。帶著身體一起去認知到我們
是擁有自由意志的，同時，認知我們在未知的世界是安全的。無時
無刻，帶著我們的身體一起練習。

如果我們想要讓每個宣告，都協助將我們推向真正的「成為」，那
我們必須練習「允許」。允許自己的生活改變，允許自己在無法想
像的未知裡開發出無限的可能性，讓自由意志發揮出它真正的神
奇作用。

你允許量子糾纏協助你的生活嗎？透過以下自由意志，允許量子糾纏作用於你的世界吧。

「我允許量子糾纏帶著我去衍生我的生活，帶著我向那 990% 的未知世界探索與前進。」

第三章：源療與收能量

源療是一個我們一動念就會自動運轉的系統，非常輕鬆簡單愉快。實踐源療就是練習讓我們回想起我們就是源頭的過程。如果你就是源頭，你就是那個「創造者」，面對你因為不小心寫錯的字或畫歪的線條，你會怎麼做？是不是用橡皮擦擦掉？面對生活，你有權利這麼做。

我們以前可能都會想：「我有權利改變我的生命嗎？」事實是，如果你就是源頭，你就有這個權利，但如果你沒有認知到你就是源頭，你就沒辦法這麼做。所以從今天開始，你每天都可以做這樣的覺知練習。舉凡出現任何讓你淪陷、讓你覺得哪裏不對勁、讓你覺得這個人對我有敵意等等，無論這裏面牽涉的人是誰、無論這牽動著什麼事、無論你覺得他們應該怎麼對你、無論你是否認為他們是故意的，只要專注在一個提醒：

【所有讓你開心不起來、無法快樂、
無法生氣勃勃，或是無法充滿希望的一切，
都不是真實的。】

能量是什麼？

所有的東西從情緒到可摸到的、不可摸到的，到任何的喜怒哀樂，它都是能量，也就是因為它是能量，它就會有能量的大跟小，這點很重要。

再精準一點說，能量就是：所有你所看到、摸到，甚至你在用的東西，例如：電腦、你的身體、衣服、車子，它都是能量組成的，差別在於密度的大跟小。如果密度越來越沉越重，它就越能夠變成可被摸觸到、可被碰觸到的狀態。反之如果密度越輕、分子越細，就會組成那種好像看不著、摸不著，好像微微可以透過呼吸感覺得到的東西。這些都是來自於密度的大小不同而產生了不同的感官感受，但是其實所有一切都是能量，包含情緒也是能量。

分辨並轉化生活與生命中的虛假情節

這些能量當中，並不全然都是真實的。在我們的日常生活中，任何讓你感到低落、情緒跌到谷底、讓你生無可戀，或是讓你覺得明天沒有希望，還有各種讓你感到壓力的，使你肩膀無法輕鬆的，甚至那些讓你心頭悶悶、莫名其妙心情不好的這些種種，都是虛假的。

為什麼這麼說？因為，我們的靈魂和身體永遠不會選擇傷害自己。我們的身體永遠都是希望這個身體是健康的，我們的靈魂，也同時永遠都是希望靈魂持續擴張，並蓬勃生長的。它們都不會想方設法殺掉自己。這也是為什麼我們的身體存在著自律神經這個機制。你沒有聽過人會自己憋氣憋到死亡，對嗎？我們會很自然想要吸氣，這是我們身體的設計，而我們的靈魂也是一樣。

如果出現了讓你緊縮、心情低潮、憂鬱、情緒不好的事情，就表示你的內在視角，你目前所處的內在世界其實並不真實，這邊有真相被掩蓋了。這個真相被掩蓋的原因，可能被認為是一種「人生試煉」，或是有的人會說這些是「神明的考驗」，有的人也可能會認為這是我們的個性自己塑造出來的想法。但這些全部，也都不是真實的。

我們的身體和靈魂是不會自殺的。但是，當我們的思緒被虛假的東西掩蓋到了一個程度，無法自拔的沈迷於幻相裡頭的時候，就有可能會走向摧毀自己的道路。這絕對不是你的身體和靈魂應當的選擇。我們得清楚記得，只要是任何阻礙我們生活輕鬆愉快、充滿希望的，那都是虛假的，這邊都有虛假的幻相正在掩蓋我們的思緒。

分辨破壞性的自由意志

曾經有同學在練習自由意志提問:「如果自由意志是我發出的訊號,任何人都不能干擾的話,那如果我宣告的是帶有傷害性或破壞性內容的話,這些宣告會成真嗎?是不是那些我的仇人,所有對我不好的人,我就可以用自由意志去詛咒他們?」

出現這種疑問時,需要先了解一個非常重要的邏輯:

【你就是源頭。】

源頭是不會傷害自己的,源頭是無所不在的。也因為如此,它也不會選擇傷害周邊的靈魂跟生命。這也是我們身為源頭一個很重要的理解。源頭,可以是縮小到幾毫米的存在體,也可以是擴張到整個宇宙那般大的意識狀態。當我們察覺到我們就是「源頭」,同時其他的生命也共同都是「源頭」的時候,我們就不會選擇傷害自己,也不會有想要傷害他人的念頭出現。

當我們察覺到這點,就會發現,任何讓生命緊縮、害怕、壓力、喘不過氣、失去希望、沒有動力、想放棄,都不是真實的。在這種情況下所形成的自由意志,也不會是真實的。

源療與呼吸辨識法

我們的身體是最簡單直接的「測謊機」，這是我們每個人都具有的能力。透過練習這部分的感知肌肉，我們可以輕鬆讓身體協助我們培養獨立判斷能力，分辨出日常生活中的真實與虛假。

呼吸辨識法

寫下你想要辨識真實與否的字句，請以肯定句來描述。

例子：

我是某某某（自己的真實姓名）。

我是蠟筆小新（或是任何他人的名字）。

將這兩句分開寫在兩張紙條上。

接著請回想一個讓你感到十足放鬆的場景，也許是夏威夷的海邊，或是某高山中的森林。讓自己在這樣的回憶中慢慢的放鬆下來。

【練習】

拿起寫著「我是某某某。」

及「我是蠟筆小新。」的紙張,

靠近自己的胸腔及腹腔呼吸。

我們的身體會對真實的一切放鬆,呼吸也隨之深而輕鬆,反之,則會緊繃,呼吸變淺。

我們可以依循這個方式,透過呼吸深淺,去找到與事實不相符的成分。一般偵測到真相時,呼吸將會是擴張的,會讓身體感覺空間變大。

練習初期，有的人會覺得體感差異並不明顯，這個時候，我們可以「啟動源療」，並宣告說：

「我將任何造成我沒有辦法使用身體去感知真相和虛假的所有一切，全部收到源頭轉化歸零。」

用源療的方式將這其中阻礙你身體感知的一切打包歸零。

打開了這部分的感知後，我們可以多用幾個不同的物件練習，感受不同的情境，慢慢把身體這部分感知的連結找回來。測試看看，與事實相符的肯定句給你的體感，和與事實不相符的肯定句會為你的身體帶來什麼樣的反應和感受。

你也可以用這個方式去偵測任何物件、食物、甚至某某「選擇」是否適合自己。方式是，把你想要測試的物件拿起來放在胸口處，接著呼吸看看。

多做這樣的練習、多提問，培養自我解答，獨立判斷與獨立思考的能力。即使過程中可能會經歷挫折都沒關係。重要的是我們已經開始執行這樣的練習，開始允許自己慢慢認領我們與生俱來獨立思考、獨立判斷能量場的能力，即便練習過程中如果出現了任何挫折，都只是過程。

不屬於我們的感受與情緒

我們的感受、情緒、思緒有高達90％其實都不屬於我們，但是這90％卻常常影響我們如何做出生活中的選擇，推動著我們的日常生活的運作。這種模式的生活容易讓我們感覺沒有力氣，發揮不出自己真正的力量。因為這其中蘊含的選擇都是「別人想的」、「別人要的」，與自己心之所向背道而馳。

那你可以如何判斷你現在的選擇，或現在的想法是自己的還是別人的呢？非常簡單，我們可以透過簡單的提問：「我現在的疼痛」，或者「我現在的情緒」，「這些是我的嗎」？再利用呼吸法去感知答案。

我今天感受到什麼樣的情緒？

【練習呼吸辨識法】

提問:「我感受到的這些情緒是我的嗎?」

重複念出:「對。這些情緒是我的,

是,是,是。」並感知呼吸深淺。

這個答案讓我的呼吸變深

還是變淺呢?

這個答案讓我的呼吸變深
還是變淺呢？

69

比較一下你測出來的答案，哪一個答案讓你覺得全身覺得擴張，呼吸順暢呢？你今天吸入了多少不屬於自己的情緒呢？

透過這樣的方式去分辨你當下的情緒、想法、念頭，甚至選擇，真的是你的嗎？還是別人給你的？還是地球的？在練習源療的清理過程中，你的感知將越來越通透，接收訊息的能力也將越來越敏銳。

倘若今天我們偵測出的答案是，這些情緒、想法、念頭或是選擇是別人的，該怎麼辦呢？

這個時候，我們可以再一次念「啟動源療」，並宣告：

「我現在將所有這裡面涵蓋的一切全部物歸原主。
我把我現在所感知到的任何不屬於我的一切，全部還回去。
我現在將任何我感知到的，任何不屬於我的狀態、情緒、
想法、念頭，甚至是徘徊在身邊的無形能量體，
全部物歸原主。現在就完成，一切如是。」

很多高敏感群，會因為自己的敏感能力，而在不自覺的情況下感知到身邊經過的無形能量體的情緒、想法、念頭或者是各種的衝動。因而情緒容易出現起伏，甚至覺得生活很痛苦。如果你有遇過這樣的情況，莫名其妙出現不屬於自己的情緒起伏，忽然間情緒低潮，就可以趕快提問，去覺察。我們只需要提問，然後把不屬於我們的全部還回去，透過簡單的一句話、一個念頭，就可以完成「收能量」的動作。

送回源頭

再更具體一些來解說「收能量」這個工具。拿一個學生的例子來說好了，學生A去掃墓之後，身心都感受到驚嚇及恐懼。再一次複習我們剛剛提到的邏輯：

> **「所有的緊張、害怕、讓你覺得會被傷害的、**
> **壓力的，都是不真實的。」**

當不真實的情緒出現，代表裡面有謊言，你還有一些真相是沒有看到的，那個真相是什麼？

再一次體驗看看，如果我們是源頭，我們是個無限大的存在體。我們能夠一秒鐘去到宇宙的邊際，一瞬間便能夠帶著能量場擴張到無限大的時候，地球上的「靈體」對你還有威脅性嗎？這種狀況下我們可以如何應對，如何「收能量」呢？

首先，我們再一次說：「源療啟動」。雙手合十，慢慢先搓一搓，讓自己放鬆。輕輕閉上眼睛。閉著眼睛的目的是要把你的注意力重心都拉回到你的身體。先不要在外面漫遊，慢慢回到這個身體裡頭。然後再慢慢的，把手鬆開，感受手心之間像是在握住一顆無形的源療能量球，慢慢的開開合合感受這裡面的能量。

接下來，我們宣告：

「所有我在掃墓的過程中經歷的一切，
我現在全部送回到源頭歸零。」

過程中我們可以配合剛剛手部的能量，讓宣告更強烈的運行。我們要善用源療的這股能量場來協助「收能量」，來協助你「擦掉」這個課題中你覺得不滿意的部分。慢慢的把手部的能量導向身體感受到恐懼的位置，讓能量自行運作。

如果你願意，你也可以更詳細的列出：

「所有我對於鬼、靈體的恐懼跟害怕，因為資訊不足
而形成對鬼魂或靈體的任何想法、觀念、定義，
我現在全部送回到源頭歸零。」

一樣，同時感覺手的能量，將能量導向身體緊繃的部分協助能量轉化。

有些人可能會在結束「收能量」的動作之後，身體出現特別的感覺跟反應。這表示那邊的細胞，可能有卡了一些對這個清理中課題的情緒。這個時候，我們就可以把手移到那個地方去，讓能量協助持續清理。

我（名字），現在將所有我在...

...的過程中所經歷的一切，我現在全部
送回到源頭歸零。

我（名字），現在將所有我對於...

_____

_____

...所引發的任何情緒，以及任何因為資訊
不足，而形成對...

_____

_____

...所構成的任何想法、觀念、定義，
我現在願意釋放，全部送回到
源頭歸零。

完成收能量

「收能量」需要做到什麼程度呢？我們可以做到不再覺得害怕了就可以停止。這並沒有次數限制，每當情緒再次升起，或相關畫面再次浮現，都可以再重複收能量的動作。過程中，只要出現任何讓你生命感到緊縮的、恐懼的、害怕的，我們都可以用這種方式，透過源療把能量收回到源頭去。記得，你就是源頭，你擁有可以使用橡皮擦擦掉錯字的權利。

收能量／不反應的練習

生活中能量來來去去，我們該如何取決什麼時候收能量？什麼時候不要起反應呢？

源療的一個準則是，如果今天這股能量觸碰到我時，我的情緒有被影響，我們就可以啟動源療，透過自由意志收能量。反之，如果今天一件事或一個情境的出現，對你來說是可以平靜觀察，內在沒有對它們的發生起任何反應的話，那就不需要做出收能量的動作。這是你可以決定要不要行動的考量方式。

譬如說今天，新聞上出現了引發大眾恐懼的資訊。首先，我們可以先觀察自己在這件事情上有沒有情緒反應，會不會覺得一看到這些

資訊就生氣或悲傷？如果會，那就收能量吧。收到我們感覺心平氣和，不再有情緒上的波瀾為止。結束之後，我們可以多加一個祝福的動作，祝福這起事件中所有相關的一切，也同時祝福所有這起事件所牽涉的生命們能夠回歸平靜。這麼做，我們就不只是在轉化這其中的情緒，而是在對這個世界、對這裡邊牽涉到的生命們發出一份貢獻。

同時，當我們回到你就是「源頭」的這個基礎狀態下，就算今天它只是一則新聞，甚至發生在遙遠的地球另一端，我們都可以啟動源療，將所有你在這其中所感知到與這則新聞相關的一切送到源頭歸零。包含在這其中所有我們感知到，任何不真實的情緒，統統一併收到源頭轉化歸零。

重要的是，不要被這些外來的波動晃動了你自身的穩定。只要世界上多一個人回歸穩定、多一個喜悅的人，這世界就增添了一份喜悅與穩定的力量。千萬不要小看這股能量，尤其是當你認知到自己是源頭，你的這份喜悅與穩定，對地球是多麼重要，這個狀態下的你，一言一行的力量是不容小覷的。

帶著身體「收能量」

透過源療，我們可以摸著自己的身體，帶著身體做自由意志宣告：

**「請身體跟我百分之百的連結，所有不屬於我的能量
全部釋放掉。」**

我們身體裡面夾帶著許多水分，而水是會記憶的，所以當我們發出
一個意念，並實際觸碰我們的肉身體，訊息將會透過水分流竄於整
個身體。

我們可以把自己當成是一個大水瓶。如果你比較容易胃痛、胃不舒
服，表示這個地方容易吸收到別人的資訊。那你就多觸碰胃的地方
收能量。我們脖子後方的大椎穴，也很容易成為把別人的資訊吸進
來的管道，這些位置也可多觸碰試著收能量。

成 為 清 明 的 自 己

我們透過源療在收能量，其實跟我們在宣告自由意志，是一樣的概念，差別在於執行者有沒有認知到自己就是「源頭」。不是說只有練習源療才能協助你發現你是源頭的事實，而是目前大眾，如果他們沒有碰觸到這一類的學習，他們是很難感知自己是源頭的。他們有的會認為我就只是源頭的分身，源頭的一個小支點，僅此而已。有的甚至會無法接受自己擁有創造者的能力。可是這其中並沒有對與錯，這只是不同生命體選擇的生命狀態，並不需要加以干預，也不需要去批判其中的二元性。反之，我們可以祝福這些生命，祝福他們有一天可以更加的蓬勃，更加的擴張，能夠看到自己更大的生命力。

有人曾經提過：「我們要讓我們所有面相都去接受，才能夠成為更完整全面的人。」前提是，他得是一個全面清晰的人。什麼叫全面清晰的人？就是你很清楚你能夠覺察你現在所有身邊發生的事情，還有來到你身邊的人。你能夠分辨這個是身體的感覺，或這是個自我意識層次上的感知。而當我們能夠清楚的分辨這些覺知，我們會發現身體的很多感受其實不是真實的。

心經裡提到，六根裡的前五根——眼、耳、鼻、舌、身，也就是我們肉身的感官，能夠認知到、感知到、接收到的東西都是虛假的。當你能夠看清它們是虛假的時候，你便可以活得平靜自在。如何輕鬆轉化個中的虛擬實境，取決於你的覺察，取決於你可否將這整個世界當成是一場遊戲。

如果你覺得你是一個易怒，非常容易被身邊的人牽動你的情緒的人。當出現了任何你無法接受的事情，嘗試轉化這裡面的能量，用第三者的角度去覺察：「這個情境好好笑，怎麼那麼好玩？」時時回到無限大的狀態，成為那個全面清明的人。

我認為我自己是什麼樣的人？

這其中，我對自己下了
什麼定義？

這裡面有什麼是虛假的？
有多少是我吸入了他人的想法
而形成的？

－第三章完－

第四章：祝福的力量

我們先做兩個小實驗，來感知一下到底「祝福」是什麼，以及「祝福」為什麼對我們這麼重要。

【第一個實驗】

邀請大家對著一張自己的照片，先來做一件我們常不自覺會做的一件事 —— 發出一個心念：

「你好可憐，我想幫你，我幫你好不好？」

並在發出意念的同時，感知一下自己身體的狀態。

在被這樣的念頭投射的情況下，你感覺如何呢？

為什麼要做這樣的實驗？會發出「我覺得你好可憐」這樣的投射是很多人的通病。「我覺得他好可憐，我想幫他」是人們常常會出現的念頭。像是在看社會新聞，很多時候我們會出現的第一個反應是：「不行我要去捐款」、「我要去幫忙！」

就像我們剛剛做的實驗，在這個當下，我們丟出來的一個念頭，在那一個瞬間，能量層面上就已經觸碰到念頭指向的對方身上了。所以每當你看到負向新聞，或是閱讀賺人熱淚的文章時，如果浮出這樣一個念頭，就掉進了一種情緒圈套，無意識的發出了對大家沒有幫助的訊息能量。

「能量跟隨思想，思想導引並放大能量」，有的人可能習慣透過這樣的推動力去幫助身邊的生命，過程中去體驗「有能力」的感覺，或是透過這樣的方式去體驗「自己存在的意義」。但是實際上，這種模式在能量層面上體現的是對「拯救者」這種角色的抓取，並在這種互動中，不自覺的控制著情節裡的「被拯救者」。這過程中，「被拯救者」被套上了「需要被幫助」的標籤。在這種情節牽動之下，「被拯救者」的能量是會逐漸消減的。

透過前面的實驗，你們可能已經感知到，並開始覺察到當我們投射出這樣的負向念頭，接收方的感受。那生活中如果遇到了這樣的新聞、資訊或情緒升起了，除了做出類似的投射，還有沒有什麼是我們可以做的？並且可以形成更有貢獻、更有意義的互動呢？我們可以做出什麼來轉化這種情況，並且真正的幫助到當下需要支持的生命呢？

這正是為什麼我們要做接下來的第二個實驗 —— 祝福的實驗：

【第二個實驗】

再一次，邀請大家對著一張自己的照片。

這一次反過來，打從心裡發射出一個

「我祝福你一切都很好」 的想法。

打從心裡，真誠的發出

「我祝福你，我相信你一切都會越來越好」，

並閉上眼睛，好好的感覺接收一下這個祝福。

去感受一下，去享受一下。 這次你覺察到什麼呢？

這就是我們可以轉化「情緒陷阱」的工具，非常簡單。我們並不需要在日常生活去避開負向訊息、新聞或情境。反而要從這些資訊、新聞或情境裡面看到，「原來這種情境，會影響到我的情緒」，「原來我的情緒很容易被某某情境挑動起來」。這些都將會是很棒的覺察。當我們覺察到了，我們就可以給予祝福，得到了可以轉化我們內在卡點的機會。

面對生活中任何負面資訊、新聞或情境時，當你覺得無助，覺得自己只能夠看著，並沒有辦法作出貢獻去幫助這裡面的生命們的時候，你能夠做的，其實就是發出一個祝福心念。這麼一個祝福的心念，就像大部分的你們在實驗中體驗到的，對方會即刻感知得到的。不要小看自己發出的這份祝福，因為它將會不受空間時間地點的限制，為需要的生命們在對的時間點上，帶來能夠支持他們的力量。

火元素的運用

祝福還有另一種模式，就是大家很常見，不論東西方文化都有出現的 —— 蠟燭祝福法。從古至今，人們常常透過點蠟燭來祝福我們想要祝福的人、事、物。點蠟燭啟動祝福，是一個可以讓我們透過火的力量，去幫助我們的肉身，讓我們的整體能量場加分的過程。人們利用「火」的力量，讓能量場達到淨化、轉化、燃燒、甚至提升生命力的效果。這個動作有效的關鍵，在於它實際上透過「集體意識」，去強化了「祝福」的力量。

意念 ∞ 元素

曾經有同學提問，點香點蠟燭的作用是一樣的嗎？我們再一次套用「能量跟隨思想，思想導引並放大能量」這個中心思想，去理解我們做的任何事情，當我們賦予定義，能量便開始運作。

譬如開燈時發出一個心錨，每每當我開燈時，我便照亮我自己。這樣的心錨發出的當下，能量便開始運作並產生效果。再譬如說，今天我們發出一個意念，每每當我們點香時，它便開始驅動我們內在的風元素，為我們帶來更多的流動性，這也可以是一種運用意念的方式。再加碼舉例：每每當我們點蠟燭的時候，我們允許這樣的火元素的驅動去淨化我的居家環境，這樣也是很棒的設定。

搭上集體意識的列車

一切都是「能量」，而「能量」有個不滅法則，就是所有的能量產生之後，都會去到一個共同的集合點。譬如說：世界上只要有一個人點了蠟燭，而他那時候的心念是想透過蠟燭來平靜他自己，來祝福這個世界，或者祝福他想祝福的人。這個人這樣的一個心念順著火的能量，便會在宇宙的某一個地方產生一個「點蠟燭祝福」的「能量池」。

當一個人這樣做，兩個人這樣做，三個人這樣做，慢慢的累積、增加，能量池也就漸漸堆疊起來。在能量的場域裡，空間與時間的分別是不存在的。所以這樣的能量堆疊，會將從古至今，所做出這樣的動作的經驗，在這個「能量池」中形成一個我們說的「集體意識」能量場。當我們理解到這個概念，我們就能夠借力使力，好好的運用這股已經被形成的「集體意識」，去強化我們「祝福」的意念。

這只是一個簡單的解說，讓我們理解為什麼宗教場所常會看到光明燈之類的祝福工具。雖然說現在已經有一些廟或者是教堂，已經開始使用LED燈泡去取代真正的蠟燭。但是依循人類的發展史，LED蠟燭的出現時間尚短，而使用真正蠟燭的歷史是長於使用LED蠟燭的。所以在集體意識的能量層面上，使用真正的火的蠟燭去進行祝福的時候，能夠連結到的集體意識能量場是遠遠大於用LED蠟燭的。

以蠟燭啟動祝福

開始試著練習每天點一小顆蠟燭給你自己，祝福你自己吧！練習以你自己為主，透過這樣簡單的動作，讓我們自身的能量得到提升。如果家裡有小孩，有小狗小貓，不方便點蠟燭的話，有兩個對應的方式可以提供讓大家做參考：

✧ 點LED蠟燭，這份祝福雖然沒有一般傳統蠟燭可帶來的強，但也一樣會跟隨你的心念，帶來很棒的效果。

點上傳統蠟燭，但把它放在水盆裡面，像某些儀式上會看到的湖水蠟燭一樣。一般的小蠟燭，去掉鋁殼放在水上點，是會浮在水面上的。所以如果你害怕火會有危險的話，你可以做這樣的安全措施。

你會發現，運用火元素點蠟燭祝福自己，會為當下的自己帶來平靜。這是一個簡單，且可以輕鬆為自己能量加分的小小工具。並不需要什麼特別的蠟燭，一般可以買到的任何蠟燭，都可以為我們帶來大大的貢獻。

【練習】

祝福自己時，只需要發出一個意念：

「我祝福我自己，我不設限，我接受來自四面

八方的祝福。」

發出這樣的意念之後，如果有特定想要祝福的方向，你可以接著強調，把想祝福的事項念出來：

祝福七脈輪

我們的七個脈輪就是我們身體的七個主要的能量通道穴口。

「頂輪」在能量層面上，就像是一個環狀喇叭形的能量圈，像漏斗狀不斷的去從上感知、接收能量，交換訊息。

「眉心輪」則像是前後兩個喇叭，呈現360度環狀的能量型態，繞著我們的頭部，一個朝外一個朝後接收訊息。我們的眉心輪其實覆蓋的不只是一般指「第三眼」的位置，而是環狀的，360度圍繞著整個額頭高度的頭部位置，這樣的一個接收器。所以當我們的太陽穴不舒服，或經常偏頭痛，都在顯示我們的眉心輪出現了不平衡。

我們的喉嚨位置，包含延伸到後小腦的一小部分，還有肩膀，都是「喉輪」涵蓋的能量進出口。所以如果經常覺得肩膀不舒服、緊繃、沉重，又或者是這些位置淋巴有堵塞問題的人，都在顯示他們的喉輪出現了不平衡。喉輪這整個場域掌握著我們的創意表達以及說話書寫能力，協助我們傳遞自我訊息。喉輪的不平衡，除了肩膀疼痛，也可能導致我們喉嚨不適，或是常常覺得有話說不出口，無法真實表達自己的想法這些現象的出現。

再往下，我們的胸口整個大範圍，前後胸360度環狀的部分，都隸屬我們的「心輪」。心輪是個非常重要的能量通道穴口，它是我們主要跟其他的生命體溝通、萬事萬物溝通的管道。無論是植物、動物、礦石，或是大山大水，與之連結都跟我們的心輪息息相關。我

們的「七脈輪」都相對重要，可是如果當心輪這個能量口被打通的話，它將會是協助我們連結上下脈輪的主要接口。

「太陽神經叢」，主宰著我們的行動力。生活中與工作相關的，或是對外交流的狀態，以及我們的執行力，都跟我們的太陽神經叢有關。而太陽神經叢涵蓋著整個肚臍三指以上，一圈360度連接到我們後背的位置。所以如果常常覺得後背痠痛，或是生活中出現與金錢相關的問題，都可以從太陽神經叢以及我們接下來會提到的臍輪這兩個脈輪進行調整。

「臍輪」是感受感知跟接受的主要能量通道穴口，主要掌管著我們的整體接受力。臍輪容易不舒服、感覺堵塞或脹氣的人，生活上的接受力一般都比較弱。出現這些狀態的人，相對的後腰也可能會常常容易痠痛。所以如果想要改善接受力，或是提升經濟狀態的人，可以試試多祝福太陽神經叢跟臍輪，讓這兩個脈輪時時保持平衡、穩定。

最後來到我們的「海底輪」。海底輪在能量層面上呈現的是一個喇叭口朝下，涵蓋到我們兩隻大腿以及小腿部分。所以如果雙腳感覺不舒服，表示海底輪可能出現了狀況或是失衡的狀態。很多年紀大的人們也很容易在腳的這個部份出問題，也是跟海底輪息息相關，反映出他們的生命力可能在下降中。

火元素與脈輪平衡

脈輪失衡的時候，我們可以一樣可以使用蠟燭祝福我們的脈輪，為我們的脈輪補光。

補光的方式很簡單，使用一般的、任何一種蠟燭，點上之後帶上意圖 —— 請這裡面的火元素祝福我們的脈輪，能量便會往這個方向運作。我們可以為我們的七個主要脈輪都點上各自的蠟燭，分別祝福它們，允許它們接受火元素給予它們在能量層次上適當的祝福和補充。

【練習】

分別祝福各個脈輪的時候我們會先做一個動作，
讓蠟燭與脈輪的能量場連接起來。方式很簡單：

將蠟燭用一隻手提起，另一隻手同時在蠟燭和自己的
脈輪之間畫上一個無限大的符號。讓無限大的一段
圈起我們的脈輪，另一端圈起蠟燭。這樣就完成了。

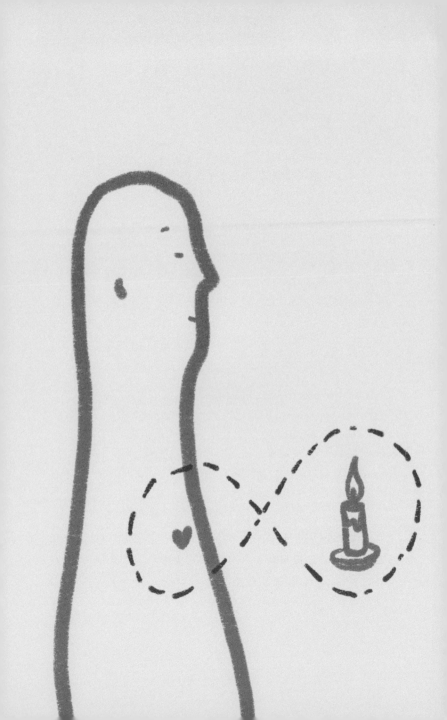

透過蠟燭觀察脈輪

我們可以透過脈輪與蠟燭個別的連結，去觀察我們脈輪的狀態，也可以透過這種方式看看是否有出現脈輪斷聯的現象。什麼叫脈輪斷聯？脈輪斷聯指的是，脈輪當下並沒有統整連結成一個團隊一起工作。這部分最簡單的調整方式是透過前面提到的點蠟燭，請蠟燭及火元素協助調整，讓脈輪重新和諧運作。

當我們讓蠟燭與各個脈輪連接上以後，我們會發現到蠟燭火勢的大小參差。火勢較小的蠟燭，顯示著它的對應脈輪能量上相對較弱或不平衡。火勢較旺則顯示對應脈輪的活躍度較高。

譬如說，當一個人的頂輪對應蠟燭火勢特別旺，表示這個人目前重心重點都放在一個理性知識層面上的開啟跟學習。

如果喉輪的對應蠟燭火勢較弱，表示這個人的溝通表達能力、自我展現能力可能出現了困難。這個人可能在自我表達上常常自我壓抑，或是不敢站到眾人的面前表達我自己。

太陽神經叢蠟燭火勢較弱的人，可以覺察一下是否常常需要透過喝咖啡來幫自己提振精神。太陽神經叢一般都是協助我們對外互動的管道，顯化在我們的日常行動力上。所以如果你必須常常透過咖啡才能夠讓自己有行動力的話，表示太陽神經叢出現了不平衡。

也可以稍微思考一下，有沒有脈輪斷聯的問題。是不是太陽神經叢與其他的脈輪沒有對齊，導致其他的脈輪無法適當的支持你的太陽神經叢？這個時候，我們都可以多使用蠟燭祝福太陽神經叢的平衡，讓太陽神經叢的「火」旺起來，在能量層次上把這個脈輪的力量重新帶上來。

另外一種常見的狀態是海底輪的相對蠟燭火勢較小較弱。如果出現了這樣的現象，我們就可以特別去思考一下，最近是否對生命上動力、動能、生存方面，或身體健康方面有出現有心無力的感覺。再來就是，身體的血液循環狀態如何？會不會有不平衡的狀態，上半身血液循環比下半身順暢？還有一種可能性是，下半身血液循環順暢，但是很容易扭到腳、很容易腰痠、很容易覺得在工作上能量不足，或者抗拒接受地球與萬物的支持。這類的現象，都是海底輪會透過失衡來提醒我們去探討的課題。

所以說，我們除了可以透過蠟燭協助我們觀察到我們的脈輪狀況之外，也可以同時好好的利用這個蠟燭，協助我們強化與平衡我們的脈輪。我們的脈輪每天都會有各種不同的變化，我們不需要太糾結於對應脈輪的蠟燭今天是什麼樣的狀態，反之是透過這樣的練習，去提升我們對脈輪的覺察。譬如說觀察看看，我們今天做了什麼事情，之後我們的脈輪呈現了什麼狀態？像有些人體質較敏感，容易被天氣環境影響。所以我們甚至可以觀察天氣好的時候，你的脈輪是怎樣的？壞天氣的時候脈輪是怎樣的？疲累的時候脈輪是怎麼樣的？精神很好的時候，你脈輪又是怎麼樣的？這些都是一個觀察的過程，提升自我覺知的方式。我們擁有的是轉化的工具，所以無論任何結論或狀況出現，都無需抓取，只需要輕鬆的把狀況轉化掉即可。

祝福七脈輪的練習

以上就是我們可以透過火元素去支持七脈輪的方式。但如果是想要療癒平衡實際肉身上出現的問題，則必須配合手部的觸碰，才有辦法真的療癒到細胞的層次。只要是我們手部能夠碰觸到器官，觸碰到的位置，都需要配合實際的觸碰，才得以進行能量上的轉化。肉眼看不到的，包含經絡、包含脈輪等，就可以使用前面提到的點蠟燭的方式，來照顧平衡及修補能量。

【練習】

試試看為自己的脈輪點上一顆蠟燭吧！

觀察一下自己的七脈輪，記錄一下七脈輪對應的

蠟燭火勢如何？

可以在一張紙上，分別畫上七個圈圈，再分別標示，

讓圈圈代表著各個脈輪。接著點上蠟燭，分別把蠟燭與

自己的脈輪一個一個用畫無限大符號連結好以後，

再把對應的蠟燭放到標示好的圈圈裡。

紀錄自己的脈輪狀態：

我的脈輪個別的蠟燭燃燒狀態是什麼，
我觀察到什麼？

頂輪：

眉心輪：

喉輪：

心輪：

太陽神
經叢

臍輪：

海底輪：

這些狀態想要提醒我什麼？

我可以運用這樣覺察，
在生活上做出什麼調整？

蠟燭燃燒的過程中，我們可以慢慢觀察它們的燃燒狀態。去觀察看看有沒有哪幾個脈輪對應的蠟燭燃燒起來是灰灰暗暗的？有沒有哪幾個脈輪的火光特別小？如果有的話，即代表那個脈輪是堵塞的。當某些脈輪對應的蠟燭火光燒得特別大，就表示這個脈輪目前的使用量過大，可能有過度勞累的狀態。過大的、過強的，過小的火光都不甚理想。理想的狀態是，脈輪整體運行都可以處於平衡平均的。

有些人在使用這樣的操作時，有可能某個脈輪的對應蠟燭燒著燒著就熄掉了，甚至是在點燃沒多久就熄掉了。如果出現了這樣的狀況，表示這個脈輪需要更多的關照與能量補充。所以，我們需要再為這個脈輪補一顆蠟燭。操作方式一樣，在點燃之後，重新畫上無限大的符號，讓新的蠟燭與自己的那個脈輪做連結之後，放在原本那顆蠟燭的旁邊，慢慢讓它點完。簡單的一個動作，就可以協助我們輕鬆的清理、淨化，以及協助我們的脈輪補光。

祝福每段關係中的自己

「祝福」，是可以貫穿使用於我們生活的各個面向的強大工具。我們也可以運用「祝福」這個工具，去祝福你的脈輪、你的財務狀況、祝福你的事業、你的家人、你的上司，甚至你的人際關係等等的任何課題。我們也同時可以運用「祝福」這樣的轉化工具，去祝福任何讓你生活中覺得很痛苦的事情，或去祝福生命中讓你覺得有情緒壓力的人。

但是，當我們細細的去覺察，我們會發現到很多時候，其實真正需要被祝福的是陷入這些關係的「你」。真正需要得到這份祝福的是，處那個當下的「自己」。因為，是那個版本的你感知並接收到了「假」的訊息，所以那個「你」情緒才會被牽動。所以轉化的關鍵，就是從那個「你」開始。

很多人遇到人際上的關係的障礙，祝福了對方，但是總覺得效果不好。其實並不是「祝福」沒有起到作用。而是我們可能沒有察覺，這邊真正需要祝福的力量的那個人不是別人，而是現在處在這段關係中，在經歷這個互動的「你自己」。

譬如說：你跟你的伴侶的相處常常起衝突，很容易情緒不舒服不開心的話。你要祝福的不是你的伴侶，你真正需要祝福的是，處在這個關係裡面的那個「你」。又或者，你跟上司跟家人之間有溝通問題，關係不融洽。這樣的情境中，我們需要祝福的，正是糾纏在這個關係裡面那個版本的「你」。

生活中，那一段關係是讓
我覺得緊繃的？

在那一段關係裡的「我」，
是什麼樣的？這裡面有哪一些
虛假的成分？

回歸無限大的狀態，去觀察在地球上，
那一段關係裡的「我」。
他真正需要的是什麼？

我會如何祝福這段關係中的「我」？

透過這樣啟發，我可以如何
祝福世界，為經歷相同的生命們
帶來貢獻？

祝福我們與我們的世界

每天開始多祝福自己，祝福身邊出現的情境、祝福身邊的生命吧！
真正有意義的「援手」，並沒有階層高低之分，也沒有「拯救者」
與「被拯救者」的分別或能量差別。練習讓「祝福」從平靜與覺察
中出發。一起祝福我們生活的世界裡，每個人都全然的成為真正的
自己，認領我們可以互相協助支持的能力。祝福大家在平衡豐盛的
能量中，運作出真正有意義的貢獻、互補與支持。

結 語

希望大家可以透過這些源療工具以及小練習，打開內在格局，拓展外在視野。用更加宏觀的角度去看這個我們當下處在的世界，從而轉化各種綑綁我們的想法與觀點。

期待大家能夠持續的在這條邁向輕盈輕鬆的路上，不斷的用屬於自己的方式去發現新的世界。永遠記得，你就是那個源頭，你就是那個創造力，你有權利去成為你真正想要的狀態。當我們勇敢成為真正的自己，當我們發出這個意念，我們便可以立即成為影響世界的那一方，而不會被世界的動向牽動著我們後續的成為。

透過自我覺知，練習重新把重心移回到你自己身上吧！全然的認領自己的力量，全然的接受並允許自己成為那個影響世界環境的人，用自己的方式活出真正的自由人生。祝福大家都可以走在自己靈魂最正面的時間線上，成為真正的自己，成為那個源頭。

－全書完－

認識源療的第一本小書：源療創辦人林怡芳帶你一動念就自動運轉，簡單輕鬆愉快的人生自駕系統

作　　　者／Yvonne Lin 林怡芳
文 字 整 理／Shin.Sefrenny Welz
美 術 編 輯／Shin.Sefrenny Welz、申朗創意
互 動 設 計／Shin.Sefrenny Welz
封 面 設 計／Shin.Sefrenny Welz
企畫選書人／賈俊國

總　編　輯／賈俊國
副 總 編 輯／蘇士尹
編　　　輯／高懿萩
行 銷 企 畫／張莉滎‧蕭羽猜、黃欣

發　行　人／何飛鵬
法 律 顧 問／元禾法律事務所王子文律師
出　　　版／布克文化出版事業部
　　　　　　台北市中山區民生東路二段 141 號 8 樓
　　　　　　電話：(02)2500-7008 傳真：(02)2502-7676
　　　　　　Email：sbooker.service@cite.com.tw
發　　　行／英屬蓋曼群島商家庭傳媒股份有限公司城邦分公司
　　　　　　台北市中山區民生東路二段 141 號 2 樓
　　　　　　書蟲客服服務專線：(02)2500-7718；2500-7719
　　　　　　24 小時傳真專線：(02)2500-1990；2500-1991
　　　　　　劃撥帳號：19863813；戶名：書蟲股份有限公司
　　　　　　讀者服務信箱：service@readingclub.com.tw
香港發行所／城邦（香港）出版集團有限公司
　　　　　　香港灣仔駱克道 193 號東超商業中心 1 樓
　　　　　　電話：+852-2508-6231　　傳真：+852-2578-9337
　　　　　　Email：hkcite@biznetvigator.com
馬新發行所／城邦（馬新）出版集團 Cité (M) Sdn. Bhd.
　　　　　　41, Jalan Radin Anum, Bandar Baru Sri Petaling,
　　　　　　57000 Kuala Lumpur, Malaysia
　　　　　　電話：+603- 9057-8822　　傳真：+603- 9057-6622
　　　　　　Email：cite@cite.com.my
印　　　刷／韋懋實業有限公司
初　　　版／2023 年 3 月
定　　　價／380 元
I S B N／978-626-7256-58-9
E I S B N／978-626-7256-57-2（EPUB）
© 本著作之全球中文版（繁體版）為布克文化版權所有‧翻印必究

城邦讀書花園 **布克文化**
www.cite.com.tw　WWW.SBOOKER.COM.TW